MW00888347

# 2022 2023
# WEEKLY PLANNER

THIS PLANNER BELONGS TO:

_____

 STUNNING PLANNERS

# PASSWORD LOG

| Site | Username | Password |
|------|----------|----------|
|      |          |          |

Notes:

| Site | Username | Password |
|------|----------|----------|
|      |          |          |

Notes:

| Site | Username | Password |
|------|----------|----------|
|      |          |          |

Notes:

| Site | Username | Password |
|------|----------|----------|
|      |          |          |

Notes:

| Site | Username | Password |
|------|----------|----------|
|      |          |          |

Notes:

| Site | Username | Password |
|------|----------|----------|
|      |          |          |

Notes:

# PASSWORD LOG

| Site | Username | Password |
|------|----------|----------|
|      |          |          |

Notes: ....................................................................................................

| Site | Username | Password |
|------|----------|----------|
|      |          |          |

Notes: ....................................................................................................

| Site | Username | Password |
|------|----------|----------|
|      |          |          |

Notes: ....................................................................................................

| Site | Username | Password |
|------|----------|----------|
|      |          |          |

Notes: ....................................................................................................

| Site | Username | Password |
|------|----------|----------|
|      |          |          |

Notes: ....................................................................................................

| Site | Username | Password |
|------|----------|----------|
|      |          |          |

Notes: ....................................................................................................

# BIRTHDAY LOG

| January |
|---|
|  |
|  |
|  |
|  |
|  |

| February |
|---|
|  |
|  |
|  |
|  |
|  |

| March |
|---|
|  |
|  |
|  |
|  |
|  |

| April |
|---|
|  |
|  |
|  |
|  |
|  |

| May |
|---|
|  |
|  |
|  |
|  |
|  |

| June |
|---|
|  |
|  |
|  |
|  |
|  |

| July |
|---|
|  |
|  |
|  |
|  |
|  |

| August |
|---|
|  |
|  |
|  |
|  |
|  |

| September |
|---|
|  |
|  |
|  |
|  |
|  |

| October |
|---|
|  |
|  |
|  |
|  |
|  |

| November |
|---|
|  |
|  |
|  |
|  |
|  |

| December |
|---|
|  |
|  |
|  |
|  |
|  |

# 2022

## January 2022

| S | M | T | W | T | F | S |
|---|---|---|---|---|---|---|
|   |   |   |   |   |   | **1** |
| 2 | 3 | 4 | 5 | 6 | 7 | 8 |
| 9 | 10 | 11 | 12 | 13 | 14 | 15 |
| 16 | **17** | 18 | 19 | 20 | 21 | 22 |
| 23 | 24 | 25 | 26 | 27 | 28 | 29 |
| 30 | 31 |   |   |   |   |   |

## February 2022

| S | M | T | W | T | F | S |
|---|---|---|---|---|---|---|
|   |   | 1 | 2 | 3 | 4 | 5 |
| 6 | 7 | 8 | 9 | 10 | 11 | 12 |
| 13 | **14** | 15 | 16 | 17 | 18 | 19 |
| 20 | **21** | 22 | 23 | 24 | 25 | 26 |
| 27 | 28 |   |   |   |   |   |

## March 2022

| S | M | T | W | T | F | S |
|---|---|---|---|---|---|---|
|   |   | 1 | 2 | 3 | 4 | 5 |
| 6 | 7 | 8 | 9 | 10 | 11 | 12 |
| 13 | 14 | 15 | 16 | **17** | 18 | 19 |
| 20 | 21 | 22 | 23 | 24 | 25 | 26 |
| 27 | 28 | 29 | 30 | 31 |   |   |

## April 2022

| S | M | T | W | T | F | S |
|---|---|---|---|---|---|---|
|   |   |   |   |   | 1 | 2 |
| 3 | 4 | 5 | 6 | 7 | 8 | 9 |
| 10 | 11 | 12 | 13 | 14 | 15 | 16 |
| **17** | **18** | 19 | 20 | 21 | 22 | 23 |
| 24 | 25 | 26 | 27 | 28 | 29 | 30 |

## May 2022

| S | M | T | W | T | F | S |
|---|---|---|---|---|---|---|
| 1 | 2 | 3 | 4 | **5** | 6 | 7 |
| **8** | 9 | 10 | 11 | 12 | 13 | 14 |
| 15 | 16 | 17 | 18 | 19 | 20 | 21 |
| 22 | 23 | 24 | 25 | 26 | 27 | 28 |
| 29 | **30** | 31 |   |   |   |   |

## June 2022

| S | M | T | W | T | F | S |
|---|---|---|---|---|---|---|
|   |   |   | 1 | 2 | 3 | 4 |
| 5 | 6 | 7 | 8 | 9 | 10 | 11 |
| 12 | 13 | 14 | 15 | 16 | 17 | 18 |
| **19** | 20 | 21 | 22 | 23 | 24 | 25 |
| 26 | 27 | 28 | 29 | 30 |   |   |

## July 2022

| S | M | T | W | T | F | S |
|---|---|---|---|---|---|---|
|   |   |   |   |   | 1 | 2 |
| 3 | **4** | 5 | 6 | 7 | 8 | 9 |
| 10 | 11 | 12 | 13 | 14 | 15 | 16 |
| 17 | 18 | 19 | 20 | 21 | 22 | 23 |
| 24 | 25 | 26 | 27 | 28 | 29 | 30 |
| 31 |   |   |   |   |   |   |

## August 2022

| S | M | T | W | T | F | S |
|---|---|---|---|---|---|---|
|   | 1 | 2 | 3 | 4 | 5 | 6 |
| 7 | 8 | 9 | 10 | 11 | 12 | 13 |
| 14 | 15 | 16 | 17 | 18 | 19 | 20 |
| 21 | 22 | 23 | 24 | 25 | 26 | 27 |
| 28 | 29 | 30 | 31 |   |   |   |

## September 2022

| S | M | T | W | T | F | S |
|---|---|---|---|---|---|---|
|   |   |   |   | 1 | 2 | 3 |
| 4 | **5** | 6 | 7 | 8 | 9 | 10 |
| 11 | 12 | 13 | 14 | 15 | 16 | 17 |
| 18 | 19 | 20 | 21 | 22 | 23 | 24 |
| 25 | 26 | 27 | 28 | 29 | 30 |   |

## October 2022

| S | M | T | W | T | F | S |
|---|---|---|---|---|---|---|
|   |   |   |   |   |   | 1 |
| 2 | 3 | 4 | 5 | 6 | 7 | 8 |
| 9 | **10** | 11 | 12 | 13 | 14 | 15 |
| 16 | 17 | 18 | 19 | 20 | 21 | 22 |
| 23 | 24 | 25 | 26 | 27 | 28 | 29 |
| 30 | **31** |   |   |   |   |   |

## November 2022

| S | M | T | W | T | F | S |
|---|---|---|---|---|---|---|
|   |   | 1 | 2 | 3 | 4 | 5 |
| 6 | 7 | **8** | 9 | 10 | **11** | 12 |
| 13 | 14 | 15 | 16 | 17 | 18 | 19 |
| 20 | 21 | 22 | 23 | **24** | **25** | 26 |
| 27 | 28 | 29 | 30 |   |   |   |

## December 2022

| S | M | T | W | T | F | S |
|---|---|---|---|---|---|---|
|   |   |   |   | 1 | 2 | 3 |
| 4 | 5 | 6 | 7 | 8 | 9 | 10 |
| 11 | 12 | 13 | 14 | 15 | 16 | 17 |
| 18 | 19 | 20 | 21 | 22 | 23 | **24** |
| **25** | **26** | 27 | 28 | 29 | 30 | **31** |

|  |  |
|------|---------|
| Jan 1 | New Year's Day |
| Jan 17 | Martin Luther King Jr. Day |
| Feb 14 | Valentine's Day |
| Feb 21 | Presidents' Day |
| Mar 17 | St. Patrick's Day |
| Apr 17 | Easter Sunday |
| Apr 18 | Easter Monday |
| Apr 18 | Tax Day |
| May 5 | Cinco de Mayo |
| May 8 | Mother's Day |
| May 30 | Memorial Day |
| Jun 19 | Father's Day |
| Jun 19 | Juneteenth |
| Jul 4 | Independence Day |
| Sep 5 | Labor Day |
| Oct 10 | Columbus Day |
| Oct 31 | Halloween |
| Nov 8 | Election Day |
| Nov 11 | Veterans Day |
| Nov 24 | Thanksgiving Day |
| Nov 25 | Black Friday |
| Dec 24 | Christmas Eve |
| Dec 25 | Christmas Day |
| Dec 26 | 'Christmas Day' day off |
| Dec 31 | New Year's Eve |

# January 22

| M | T | W | T | F | S | S |
|---|---|---|---|---|---|---|
| 27 | 28 | 29 | 30 | 31 | 1 | 2 |
| 3 | 4 | 5 | 6 | 7 | 8 | 9 |
| 10 | 11 | 12 | 13 | 14 | 15 | 16 |
| 17 | 18 | 19 | 20 | 21 | 22 | 23 |
| 24 | 25 | 26 | 27 | 28 | 29 | 30 |
| 31 | 1 | 2 | 3 | 4 | 5 | 6 |

**NOTES**

# January 2022

27. Monday

28. Tuesday

29. Wednesday

30. Thursday

31. Friday

01. Saturday

02. Sunday

# January 2022

03. Monday

04. Tuesday

05. Wednesday

06. Thursday

07. Friday

08. Saturday

09. Sunday

# January 2022

10. Monday

---

11. Tuesday

---

12. Wednesday

---

13. Thursday

---

14. Friday

---

15. Saturday

---

16. Sunday

---

# January 2022

17. Monday

18. Tuesday

19. Wednesday

20. Thursday

21. Friday

22. Saturday

23. Sunday

# January 2022

24. Monday

25. Tuesday

26. Wednesday

27. Thursday

28. Friday

29. Saturday

30. Sunday

# January 2022

31. Monday

# February 22

| M | T | W | T | F | S | S |
|---|---|---|---|---|---|---|
| 31 | 1 | 2 | 3 | 4 | 5 | 6 |
| 7 | 8 | 9 | 10 | 11 | 12 | 13 |
| 14 | 15 | 16 | 17 | 18 | 19 | 20 |
| 21 | 22 | 23 | 24 | 25 | 26 | 27 |
| 28 | 1 | 2 | 3 | 4 | 5 | 6 |
| 7 | 8 | 9 | 10 | 11 | 12 | 13 |

**NOTES**

# February 2022

31. Monday

___

01. Tuesday

___

02. Wednesday

___

03. Thursday

___

04. Friday

___

05. Saturday

___

06. Sunday

___

# February 2022

07. Monday

08. Tuesday

09. Wednesday

10. Thursday

11. Friday

12. Saturday

13. Sunday

# February 2022

14. Monday

15. Tuesday

16. Wednesday

17. Thursday

18. Friday

19. Saturday

20. Sunday

# February 2022

21. Monday

22. Tuesday

23. Wednesday

24. Thursday

25. Friday

26. Saturday

27. Sunday

# February 2022

28. Monday

# March 22

| M | T | W | T | F | S | S |
|---|---|---|---|---|---|---|
| 28 | 1 | 2 | 3 | 4 | 5 | 6 |
| 7 | 8 | 9 | 10 | 11 | 12 | 13 |
| 14 | 15 | 16 | 17 | 18 | 19 | 20 |
| 21 | 22 | 23 | 24 | 25 | 26 | 27 |
| 28 | 29 | 30 | 31 | 1 | 2 | 3 |
| 4 | 5 | 6 | 7 | 8 | 9 | 10 |

**NOTES**

# March 2022

28. Monday

01. Tuesday

02. Wednesday

03. Thursday

04. Friday

05. Saturday

06. Sunday

# March 2022

07. Monday

08. Tuesday

09. Wednesday

10. Thursday

11. Friday

12. Saturday

13. Sunday

# March 2022

14. Monday

---

15. Tuesday

---

16. Wednesday

---

17. Thursday

---

18. Friday

---

19. Saturday

---

20. Sunday

---

# March 2022

21. Monday

22. Tuesday

23. Wednesday

24. Thursday

25. Friday

26. Saturday

27. Sunday

# March 2022

28. Monday

---

29. Tuesday

---

30. Wednesday

---

31. Thursday

# April 22

| M | T | W | T | F | S | S |
|---|---|---|---|---|---|---|
| 28 | 29 | 30 | 31 | 1 | 2 | 3 |
| 4 | 5 | 6 | 7 | 8 | 9 | 10 |
| 11 | 12 | 13 | 14 | 15 | 16 | 17 |
| 18 | 19 | 20 | 21 | 22 | 23 | 24 |
| 25 | 26 | 27 | 28 | 29 | 30 | 1 |
| 2 | 3 | 4 | 5 | 6 | 7 | 8 |

**NOTES**

# April 2022

28. Monday

29. Tuesday

30. Wednesday

31. Thursday

01. Friday

02. Saturday

03. Sunday

# April 2022

04. Monday

05. Tuesday

06. Wednesday

07. Thursday

08. Friday

09. Saturday

10. Sunday

# April 2022

11. Monday

---

12. Tuesday

---

13. Wednesday

---

14. Thursday

---

15. Friday

---

16. Saturday

---

17. Sunday

---

# April 2022

18. Monday

19. Tuesday

20. Wednesday

21. Thursday

22. Friday

23. Saturday

24. Sunday

# April 2022

25. Monday

26. Tuesday

27. Wednesday

28. Thursday

29. Friday

30. Saturday

# May 22

| M | T | W | T | F | S | S |
|---|---|---|---|---|---|---|
| 2 | 3 | 4 | 5 | 6 | 7 | 8 |
| 9 | 10 | 11 | 12 | 13 | 14 | 15 |
| 16 | 17 | 18 | 19 | 20 | 21 | 22 |
| 23 | 24 | 25 | 26 | 27 | 28 | 29 |
| 30 | 31 | 1 | 2 | 3 | 4 | 5 |
| 6 | 7 | 8 | 9 | 10 | 11 | 12 |

**NOTES**

# May 2022

25. Monday

___

26. Tuesday

___

27. Wednesday

___

28. Thursday

___

29. Friday

___

30. Saturday

___

01. Sunday

___

# May 2022

02. Monday

03. Tuesday

04. Wednesday

05. Thursday

06. Friday

07. Saturday

08. Sunday

# May 2022

09. Monday

---

10. Tuesday

---

11. Wednesday

---

12. Thursday

---

13. Friday

---

14. Saturday

---

15. Sunday

---

# May 2022

16. Monday

17. Tuesday

18. Wednesday

19. Thursday

20. Friday

21. Saturday

22. Sunday

# May 2022

**Week no: 126**                                    **Week of: 23 May - 30 May**

23. Monday

24. Tuesday

25. Wednesday

26. Thursday

27. Friday

28. Saturday

29. Sunday

# May 2022

30. Monday

31. Tuesday

# June 22

| M | T | W | T | F | S | S |
|---|---|---|---|---|---|---|
| 30 | 31 | 1 | 2 | 3 | 4 | 5 |
| 6 | 7 | 8 | 9 | 10 | 11 | 12 |
| 13 | 14 | 15 | 16 | 17 | 18 | 19 |
| 20 | 21 | 22 | 23 | 24 | 25 | 26 |
| 27 | 28 | 29 | 30 | 1 | 2 | 3 |
| 4 | 5 | 6 | 7 | 8 | 9 | 10 |

**NOTES**

# June 2022

30. Monday

31. Tuesday

01. Wednesday

02. Thursday

03. Friday

04. Saturday

05. Sunday

# June 2022

06. Monday

---

07. Tuesday

---

08. Wednesday

---

09. Thursday

---

10. Friday

---

11. Saturday

---

12. Sunday

---

# June 2022

13. Monday

---

14. Tuesday

---

15. Wednesday

---

16. Thursday

---

17. Friday

---

18. Saturday

---

19. Sunday

---

# June 2022

20. Monday

21. Tuesday

22. Wednesday

23. Thursday

24. Friday

25. Saturday

26. Sunday

# June 2022

27. Monday

28. Tuesday

29. Wednesday

30. Thursday

# July 22

| M | T | W | T | F | S | S |
|---|---|---|---|---|---|---|
| 27 | 28 | 29 | 30 | 1 | 2 | 3 |
| 4 | 5 | 6 | 7 | 8 | 9 | 10 |
| 11 | 12 | 13 | 14 | 15 | 16 | 17 |
| 18 | 19 | 20 | 21 | 22 | 23 | 24 |
| 25 | 26 | 27 | 28 | 29 | 30 | 31 |
| 1 | 2 | 3 | 4 | 5 | 6 | 7 |

**NOTES**

# July 2022

27. Monday

28. Tuesday

29. Wednesday

30. Thursday

01. Friday

02. Saturday

03. Sunday

# July 2022

04. Monday

05. Tuesday

06. Wednesday

07. Thursday

08. Friday

09. Saturday

10. Sunday

# July 2022

11. Monday

12. Tuesday

13. Wednesday

14. Thursday

15. Friday

16. Saturday

17. Sunday

# July 2022

18. Monday

19. Tuesday

20. Wednesday

21. Thursday

22. Friday

23. Saturday

24. Sunday

# July 2022

25. Monday

26. Tuesday

27. Wednesday

28. Thursday

29. Friday

30. Saturday

31. Sunday

# August 22

| M | T | W | T | F | S | S |
|---|---|---|---|---|---|---|
| 1 | 2 | 3 | 4 | 5 | 6 | 7 |
| 8 | 9 | 10 | 11 | 12 | 13 | 14 |
| 15 | 16 | 17 | 18 | 19 | 20 | 21 |
| 22 | 23 | 24 | 25 | 26 | 27 | 28 |
| 29 | 30 | 31 | 1 | 2 | 3 | 4 |
| 5 | 6 | 7 | 8 | 9 | 10 | 11 |

**NOTES**

# August 2022

01. Monday

02. Tuesday

03. Wednesday

04. Thursday

05. Friday

06. Saturday

07. Sunday

# August 2022

08. Monday

09. Tuesday

10. Wednesday

11. Thursday

12. Friday

13. Saturday

14. Sunday

# August 2022

15. Monday

16. Tuesday

17. Wednesday

18. Thursday

19. Friday

20. Saturday

21. Sunday

# August 2022

**Week no: 139**

**Week of: 22 Aug - 29 Aug**

22. Monday

---

23. Tuesday

---

24. Wednesday

---

25. Thursday

---

26. Friday

---

27. Saturday

---

28. Sunday

---

# August 2022

29. Monday

30. Tuesday

31. Wednesday

# September 22

| M | T | W | T | F | S | S |
|---|---|---|---|---|---|---|
| 29 | 30 | 31 | 1 | 2 | 3 | 4 |
| 5 | 6 | 7 | 8 | 9 | 10 | 11 |
| 12 | 13 | 14 | 15 | 16 | 17 | 18 |
| 19 | 20 | 21 | 22 | 23 | 24 | 25 |
| 26 | 27 | 28 | 29 | 30 | 1 | 2 |
| 3 | 4 | 5 | 6 | 7 | 8 | 9 |

**NOTES**

# September 2022

29. Monday

30. Tuesday

31. Wednesday

01. Thursday

02. Friday

03. Saturday

04. Sunday

# September 2022

05. Monday

06. Tuesday

07. Wednesday

08. Thursday

09. Friday

10. Saturday

11. Sunday

# September 2022

12. Monday

13. Tuesday

14. Wednesday

15. Thursday

16. Friday

17. Saturday

18. Sunday

# September 2022

19. Monday

20. Tuesday

21. Wednesday

22. Thursday

23. Friday

24. Saturday

25. Sunday

# September 2022

26. Monday

27. Tuesday

28. Wednesday

29. Thursday

30. Friday

# October 22

| M | T | W | T | F | S | S |
|---|---|---|---|---|---|---|
| 26 | 27 | 28 | 29 | 30 | 1 | 2 |
| 3 | 4 | 5 | 6 | 7 | 8 | 9 |
| 10 | 11 | 12 | 13 | 14 | 15 | 16 |
| 17 | 18 | 19 | 20 | 21 | 22 | 23 |
| 24 | 25 | 26 | 27 | 28 | 29 | 30 |
| 31 | 1 | 2 | 3 | 4 | 5 | 6 |

**NOTES**

# October 2022

26. Monday

27. Tuesday

28. Wednesday

29. Thursday

30. Friday

01. Saturday

02. Sunday

# October 2022

03. Monday

---

04. Tuesday

---

05. Wednesday

---

06. Thursday

---

07. Friday

---

08. Saturday

---

09. Sunday

---

# October 2022

10. Monday

11. Tuesday

12. Wednesday

13. Thursday

14. Friday

15. Saturday

16. Sunday

# October 2022

17. Monday

18. Tuesday

19. Wednesday

20. Thursday

21. Friday

22. Saturday

23. Sunday

# October 2022

**Week no: 148**                                    **Week of: 24 Oct - 31 Oct**

24. Monday

25. Tuesday

26. Wednesday

27. Thursday

28. Friday

29. Saturday

30. Sunday

# October 2022

31. Monday

# November 22

| M | T | W | T | F | S | S |
|---|---|---|---|---|---|---|
| 31 | 1 | 2 | 3 | 4 | 5 | 6 |
| 7 | 8 | 9 | 10 | 11 | 12 | 13 |
| 14 | 15 | 16 | 17 | 18 | 19 | 20 |
| 21 | 22 | 23 | 24 | 25 | 26 | 27 |
| 28 | 29 | 30 | 1 | 2 | 3 | 4 |
| 5 | 6 | 7 | 8 | 9 | 10 | 11 |

**NOTES**

# November 2022

31. Monday

01. Tuesday

02. Wednesday

03. Thursday

04. Friday

05. Saturday

06. Sunday

# November 2022

07. Monday

08. Tuesday

09. Wednesday

10. Thursday

11. Friday

12. Saturday

13. Sunday

# November 2022

14. Monday

15. Tuesday

16. Wednesday

17. Thursday

18. Friday

19. Saturday

20. Sunday

# November 2022

21. Monday

22. Tuesday

23. Wednesday

24. Thursday

25. Friday

26. Saturday

27. Sunday

# November 2022

28. Monday

---

29. Tuesday

---

30. Wednesday

# December 22

| M | T | W | T | F | S | S |
|---|---|---|---|---|---|---|
| 28 | 29 | 30 | 1 | 2 | 3 | 4 |
| 5 | 6 | 7 | 8 | 9 | 10 | 11 |
| 12 | 13 | 14 | 15 | 16 | 17 | 18 |
| 19 | 20 | 21 | 22 | 23 | 24 | 25 |
| 26 | 27 | 28 | 29 | 30 | 31 | 1 |
| 2 | 3 | 4 | 5 | 6 | 7 | 8 |

## NOTES

# December 2022

28. Monday

29. Tuesday

30. Wednesday

01. Thursday

02. Friday

03. Saturday

04. Sunday

# December 2022

05. Monday

06. Tuesday

07. Wednesday

08. Thursday

09. Friday

10. Saturday

11. Sunday

# December 2022

12. Monday

13. Tuesday

14. Wednesday

15. Thursday

16. Friday

17. Saturday

18. Sunday

# December 2022

19. Monday

20. Tuesday

21. Wednesday

22. Thursday

23. Friday

24. Saturday

25. Sunday

# December 2022

26. Monday

---

27. Tuesday

---

28. Wednesday

---

29. Thursday

---

30. Friday

---

31. Saturday

# 2023

## January 2023

| S | M | T | W | T | F | S |
|---|---|---|---|---|---|---|
| 1 | 2 | 3 | 4 | 5 | 6 | 7 |
| 8 | 9 | 10 | 11 | 12 | 13 | 14 |
| 15 | 16 | 17 | 18 | 19 | 20 | 21 |
| 22 | 23 | 24 | 25 | 26 | 27 | 28 |
| 29 | 30 | 31 | | | | |

## February 2023

| S | M | T | W | T | F | S |
|---|---|---|---|---|---|---|
| | | | 1 | 2 | 3 | 4 |
| 5 | 6 | 7 | 8 | 9 | 10 | 11 |
| 12 | 13 | 14 | 15 | 16 | 17 | 18 |
| 19 | 20 | 21 | 22 | 23 | 24 | 25 |
| 26 | 27 | 28 | | | | |

## March 2023

| S | M | T | W | T | F | S |
|---|---|---|---|---|---|---|
| | | | 1 | 2 | 3 | 4 |
| 5 | 6 | 7 | 8 | 9 | 10 | 11 |
| 12 | 13 | 14 | 15 | 16 | 17 | 18 |
| 19 | 20 | 21 | 22 | 23 | 24 | 25 |
| 26 | 27 | 28 | 29 | 30 | 31 | |

## April 2023

| S | M | T | W | T | F | S |
|---|---|---|---|---|---|---|
| | | | | | | 1 |
| 2 | 3 | 4 | 5 | 6 | 7 | 8 |
| 9 | 10 | 11 | 12 | 13 | 14 | 15 |
| 16 | 17 | 18 | 19 | 20 | 21 | 22 |
| 23 | 24 | 25 | 26 | 27 | 28 | 29 |
| 30 | | | | | | |

## May 2023

| S | M | T | W | T | F | S |
|---|---|---|---|---|---|---|
| | 1 | 2 | 3 | 4 | 5 | 6 |
| 7 | 8 | 9 | 10 | 11 | 12 | 13 |
| 14 | 15 | 16 | 17 | 18 | 19 | 20 |
| 21 | 22 | 23 | 24 | 25 | 26 | 27 |
| 28 | 29 | 30 | 31 | | | |

## June 2023

| S | M | T | W | T | F | S |
|---|---|---|---|---|---|---|
| | | | | 1 | 2 | 3 |
| 4 | 5 | 6 | 7 | 8 | 9 | 10 |
| 11 | 12 | 13 | 14 | 15 | 16 | 17 |
| 18 | 19 | 20 | 21 | 22 | 23 | 24 |
| 25 | 26 | 27 | 28 | 29 | 30 | |

## July 2023

| S | M | T | W | T | F | S |
|---|---|---|---|---|---|---|
| | | | | | | 1 |
| 2 | 3 | 4 | 5 | 6 | 7 | 8 |
| 9 | 10 | 11 | 12 | 13 | 14 | 15 |
| 16 | 17 | 18 | 19 | 20 | 21 | 22 |
| 23 | 24 | 25 | 26 | 27 | 28 | 29 |
| 30 | 31 | | | | | |

## August 2023

| S | M | T | W | T | F | S |
|---|---|---|---|---|---|---|
| | | 1 | 2 | 3 | 4 | 5 |
| 6 | 7 | 8 | 9 | 10 | 11 | 12 |
| 13 | 14 | 15 | 16 | 17 | 18 | 19 |
| 20 | 21 | 22 | 23 | 24 | 25 | 26 |
| 27 | 28 | 29 | 30 | 31 | | |

## September 2023

| S | M | T | W | T | F | S |
|---|---|---|---|---|---|---|
| | | | | | 1 | 2 |
| 3 | 4 | 5 | 6 | 7 | 8 | 9 |
| 10 | 11 | 12 | 13 | 14 | 15 | 16 |
| 17 | 18 | 19 | 20 | 21 | 22 | 23 |
| 24 | 25 | 26 | 27 | 28 | 29 | 30 |

## October 2023

| S | M | T | W | T | F | S |
|---|---|---|---|---|---|---|
| 1 | 2 | 3 | 4 | 5 | 6 | 7 |
| 8 | 9 | 10 | 11 | 12 | 13 | 14 |
| 15 | 16 | 17 | 18 | 19 | 20 | 21 |
| 22 | 23 | 24 | 25 | 26 | 27 | 28 |
| 29 | 30 | 31 | | | | |

## November 2023

| S | M | T | W | T | F | S |
|---|---|---|---|---|---|---|
| | | | 1 | 2 | 3 | 4 |
| 5 | 6 | 7 | 8 | 9 | 10 | 11 |
| 12 | 13 | 14 | 15 | 16 | 17 | 18 |
| 19 | 20 | 21 | 22 | 23 | 24 | 25 |
| 26 | 27 | 28 | 29 | 30 | | |

## December 2023

| S | M | T | W | T | F | S |
|---|---|---|---|---|---|---|
| | | | | | 1 | 2 |
| 3 | 4 | 5 | 6 | 7 | 8 | 9 |
| 10 | 11 | 12 | 13 | 14 | 15 | 16 |
| 17 | 18 | 19 | 20 | 21 | 22 | 23 |
| 24 | 25 | 26 | 27 | 28 | 29 | 30 |
| 31 | | | | | | |

|  |  |  |  |
|---|---|---|---|
| Jan 1 | New Year's Day | Jul 4 | Independence Day |
| Jan 2 | Martin Luther King Jr. Day | Sep 4 | Labor Day |
| Feb 14 | Valentine's Day | Oct 9 | Columbus Day |
| Feb 20 | Presidents' Day | Oct 31 | Halloween |
| Mar 17 | St. Patrick's Day | Nov 7 | Election Day |
| Apr 9 | Easter Sunday | Nov 11 | Veterans Day |
| Apr 10 | Easter Monday | Nov 23 | Thanksgiving Day |
| Apr 18 | Tax Day | Nov 24 | Black Friday |
| May 5 | Cinco de Mayo | Dec 24 | Christmas Eve |
| May 14 | Mother's Day | Dec 25 | Christmas Day |
| May 29 | Memorial Day | Dec 31 | New Year's Eve |
| Jun 19 | Father's Day | | |
| Jun 19 | Juneteenth | | |

# January 23

| M | T | W | T | F | S | S |
|---|---|---|---|---|---|---|
| 2 | 3 | 4 | 5 | 6 | 7 | 8 |
| 9 | 10 | 11 | 12 | 13 | 14 | 15 |
| 16 | 17 | 18 | 19 | 20 | 21 | 22 |
| 23 | 24 | 25 | 26 | 27 | 28 | 29 |
| 30 | 31 | 1 | 2 | 3 | 4 | 5 |
| 6 | 7 | 8 | 9 | 10 | 11 | 12 |

**NOTES**

# December 2022

26. Monday

27. Tuesday

28. Wednesday

29. Thursday

30. Friday

31. Saturday

01. Sunday

# January 2023

**Week no: 158**                                          **Week of: 2 Jan - 9 Jan**

02. Monday

03. Tuesday

04. Wednesday

05. Thursday

06. Friday

07. Saturday

08. Sunday

**January 2023**

# January 2023

**Week no: 159**                    **Week of: 9 Jan - 16 Jan**

09. Monday

10. Tuesday

11. Wednesday

12. Thursday

13. Friday

14. Saturday

15. Sunday

# January 2023

16. Monday

17. Tuesday

18. Wednesday

19. Thursday

20. Friday

21. Saturday

22. Sunday

January 2023

# January 2023

**Week no: 161**                                    **Week of: 23 Jan - 30 Jan**

23. Monday

24. Tuesday

25. Wednesday

26. Thursday

27. Friday

28. Saturday

29. Sunday

January 2023

# January 2023

30. Monday

31. Tuesday

# February 23

| M | T | W | T | F | S | S |
|---|---|---|---|---|---|---|
| 30 | 31 | 1 | 2 | 3 | 4 | 5 |
| 6 | 7 | 8 | 9 | 10 | 11 | 12 |
| 13 | 14 | 15 | 16 | 17 | 18 | 19 |
| 20 | 21 | 22 | 23 | 24 | 25 | 26 |
| 27 | 28 | 1 | 2 | 3 | 4 | 5 |
| 6 | 7 | 8 | 9 | 10 | 11 | 12 |

## NOTES

# January 2023

30. Monday

---

31. Tuesday

---

01. Wednesday

---

02. Thursday

---

03. Friday

---

04. Saturday

---

05. Sunday

---

# February 2023

06. Monday

07. Tuesday

08. Wednesday

09. Thursday

10. Friday

11. Saturday

12. Sunday

# February 2023

13. Monday

___

14. Tuesday

___

15. Wednesday

___

16. Thursday

___

17. Friday

___

18. Saturday

___

19. Sunday

___

# February 2023

20. Monday

---

21. Tuesday

---

22. Wednesday

---

23. Thursday

---

24. Friday

---

25. Saturday

---

26. Sunday

# February 2023

27. Monday

28. Tuesday

# March 23

| M | T | W | T | F | S | S |
|---|---|---|---|---|---|---|
| 27 | 28 | 1 | 2 | 3 | 4 | 5 |
| 6 | 7 | 8 | 9 | 10 | 11 | 12 |
| 13 | 14 | 15 | 16 | 17 | 18 | 19 |
| 20 | 21 | 22 | 23 | 24 | 25 | 26 |
| 27 | 28 | 29 | 30 | 31 | 1 | 2 |
| 3 | 4 | 5 | 6 | 7 | 8 | 9 |

## NOTES

_____

_____

_____

_____

_____

# February 2023

27. Monday

28. Tuesday

01. Wednesday

02. Thursday

03. Friday

04. Saturday

05. Sunday

# March 2023

06. Monday

07. Tuesday

08. Wednesday

09. Thursday

10. Friday

11. Saturday

12. Sunday

# March 2023

13. Monday

_____

14. Tuesday

_____

15. Wednesday

_____

16. Thursday

_____

17. Friday

_____

18. Saturday

_____

19. Sunday

_____

# March 2023

20. Monday

---

21. Tuesday

---

22. Wednesday

---

23. Thursday

---

24. Friday

---

25. Saturday

---

26. Sunday

---

# March 2023

27. Monday

---

28. Tuesday

---

29. Wednesday

---

30. Thursday

---

31. Friday

# April 23

| M | T | W | T | F | S | S |
|---|---|---|---|---|---|---|
| 27 | 28 | 29 | 30 | 31 | 1 | 2 |
| 3 | 4 | 5 | 6 | 7 | 8 | 9 |
| 10 | 11 | 12 | 13 | 14 | 15 | 16 |
| 17 | 18 | 19 | 20 | 21 | 22 | 23 |
| 24 | 25 | 26 | 27 | 28 | 29 | 30 |
| 1 | 2 | 3 | 4 | 5 | 6 | 7 |

**NOTES**

# March 2023

27. Monday

28. Tuesday

29. Wednesday

30. Thursday

31. Friday

01. Saturday

02. Sunday

# April 2023

**Week no: 171**                                    **Week of: 3 Apr - 10 Apr**

03. Monday

04. Tuesday

05. Wednesday

06. Thursday

07. Friday

08. Saturday

09. Sunday

# April 2023

10. Monday

11. Tuesday

12. Wednesday

13. Thursday

14. Friday

15. Saturday

16. Sunday

# April 2023

17. Monday

18. Tuesday

19. Wednesday

20. Thursday

21. Friday

22. Saturday

23. Sunday

# April 2023

24. Monday

---

25. Tuesday

---

26. Wednesday

---

27. Thursday

---

28. Friday

---

29. Saturday

---

30. Sunday

---

# May 23

| M | T | W | T | F | S | S |
|---|---|---|---|---|---|---|
| 1 | 2 | 3 | 4 | 5 | 6 | 7 |
| 8 | 9 | 10 | 11 | 12 | 13 | 14 |
| 15 | 16 | 17 | 18 | 19 | 20 | 21 |
| 22 | 23 | 24 | 25 | 26 | 27 | 28 |
| 29 | 30 | 31 | 1 | 2 | 3 | 4 |
| 5 | 6 | 7 | 8 | 9 | 10 | 11 |

## NOTES

# May 2023

01. Monday

02. Tuesday

03. Wednesday

04. Thursday

05. Friday

06. Saturday

07. Sunday

# May 2023

08. Monday

09. Tuesday

10. Wednesday

11. Thursday

12. Friday

13. Saturday

14. Sunday

# May 2023

**Week no: 177**                          **Week of: 15 May - 22 May**

15. Monday

16. Tuesday

17. Wednesday

18. Thursday

19. Friday

20. Saturday

21. Sunday

# May 2023

22. Monday

23. Tuesday

24. Wednesday

25. Thursday

26. Friday

27. Saturday

28. Sunday

# May 2023

29. Monday

---

30. Tuesday

---

31. Wednesday

# June 23

| M | T | W | T | F | S | S |
|---|---|---|---|---|---|---|
| 29 | 30 | 31 | 1 | 2 | 3 | 4 |
| 5 | 6 | 7 | 8 | 9 | 10 | 11 |
| 12 | 13 | 14 | 15 | 16 | 17 | 18 |
| 19 | 20 | 21 | 22 | 23 | 24 | 25 |
| 26 | 27 | 28 | 29 | 30 | 1 | 2 |
| 3 | 4 | 5 | 6 | 7 | 8 | 9 |

## NOTES

_____

_____

_____

_____

_____

# May 2023

29. Monday

30. Tuesday

31. Wednesday

01. Thursday

02. Friday

03. Saturday

04. Sunday

# June 2023

05. Monday

06. Tuesday

07. Wednesday

08. Thursday

09. Friday

10. Saturday

11. Sunday

# June 2023

12. Monday

13. Tuesday

14. Wednesday

15. Thursday

16. Friday

17. Saturday

18. Sunday

# June 2023

19. Monday

___

20. Tuesday

___

21. Wednesday

___

22. Thursday

___

23. Friday

___

24. Saturday

___

25. Sunday

___

# June 2023

26. Monday

27. Tuesday

28. Wednesday

29. Thursday

30. Friday

# July 23

| M | T | W | T | F | S | S |
|---|---|---|---|---|---|---|
| 26 | 27 | 28 | 29 | 30 | 1 | 2 |
| 3 | 4 | 5 | 6 | 7 | 8 | 9 |
| 10 | 11 | 12 | 13 | 14 | 15 | 16 |
| 17 | 18 | 19 | 20 | 21 | 22 | 23 |
| 24 | 25 | 26 | 27 | 28 | 29 | 30 |
| 31 | 1 | 2 | 3 | 4 | 5 | 6 |

## NOTES

# June 2023

26. Monday

27. Tuesday

28. Wednesday

29. Thursday

30. Friday

01. Saturday

02. Sunday

# July 2023

03. Monday

04. Tuesday

05. Wednesday

06. Thursday

07. Friday

08. Saturday

09. Sunday

# July 2023

10. Monday

---

11. Tuesday

---

12. Wednesday

---

13. Thursday

---

14. Friday

---

15. Saturday

---

16. Sunday

# July 2023

17. Monday

18. Tuesday

19. Wednesday

20. Thursday

21. Friday

22. Saturday

23. Sunday

# July 2023

24. Monday

25. Tuesday

26. Wednesday

27. Thursday

28. Friday

29. Saturday

30. Sunday

# July 2023

31. Monday

# August 23

| M | T | W | T | F | S | S |
|---|---|---|---|---|---|---|
| 31 | 1 | 2 | 3 | 4 | 5 | 6 |
| 7 | 8 | 9 | 10 | 11 | 12 | 13 |
| 14 | 15 | 16 | 17 | 18 | 19 | 20 |
| 21 | 22 | 23 | 24 | 25 | 26 | 27 |
| 28 | 29 | 30 | 31 | 1 | 2 | 3 |
| 4 | 5 | 6 | 7 | 8 | 9 | 10 |

**NOTES**

# July 2023

31. Monday

---

01. Tuesday

---

02. Wednesday

---

03. Thursday

---

04. Friday

---

05. Saturday

---

06. Sunday

---

# August 2023

07. Monday

---

08. Tuesday

---

09. Wednesday

---

10. Thursday

---

11. Friday

---

12. Saturday

---

13. Sunday

---

# August 2023

14. Monday

15. Tuesday

16. Wednesday

17. Thursday

18. Friday

19. Saturday

20. Sunday

August 2023

# August 2023

21. Monday

22. Tuesday

23. Wednesday

24. Thursday

25. Friday

26. Saturday

27. Sunday

# August 2023

28. Monday

29. Tuesday

30. Wednesday

31. Thursday

# September 23

| M | T | W | T | F | S | S |
|---|---|---|---|---|---|---|
| 28 | 29 | 30 | 31 | 1 | 2 | 3 |
| 4 | 5 | 6 | 7 | 8 | 9 | 10 |
| 11 | 12 | 13 | 14 | 15 | 16 | 17 |
| 18 | 19 | 20 | 21 | 22 | 23 | 24 |
| 25 | 26 | 27 | 28 | 29 | 30 | 1 |
| 2 | 3 | 4 | 5 | 6 | 7 | 8 |

## NOTES

# August 2023

28. Monday

29. Tuesday

30. Wednesday

31. Thursday

01. Friday

02. Saturday

03. Sunday

# September 2023

04. Monday

05. Tuesday

06. Wednesday

07. Thursday

08. Friday

09. Saturday

10. Sunday

# September 2023

11. Monday

---

12. Tuesday

---

13. Wednesday

---

14. Thursday

---

15. Friday

---

16. Saturday

---

17. Sunday

---

# September 2023

18. Monday

19. Tuesday

20. Wednesday

21. Thursday

22. Friday

23. Saturday

24. Sunday

# September 2023

25. Monday

---

26. Tuesday

---

27. Wednesday

---

28. Thursday

---

29. Friday

---

30. Saturday

# October 23

| M | T | W | T | F | S | S |
|---|---|---|---|---|---|---|
| 2 | 3 | 4 | 5 | 6 | 7 | 8 |
| 9 | 10 | 11 | 12 | 13 | 14 | 15 |
| 16 | 17 | 18 | 19 | 20 | 21 | 22 |
| 23 | 24 | 25 | 26 | 27 | 28 | 29 |
| 30 | 31 | 1 | 2 | 3 | 4 | 5 |
| 6 | 7 | 8 | 9 | 10 | 11 | 12 |

## NOTES

# September 2023

**Week no: 196**                    **Week of: 25 Sep - 2 Oct**

25. Monday

26. Tuesday

27. Wednesday

28. Thursday

29. Friday

30. Saturday

01. Sunday

# October 2023

02. Monday

03. Tuesday

04. Wednesday

05. Thursday

06. Friday

07. Saturday

08. Sunday

# October 2023

09. Monday

10. Tuesday

11. Wednesday

12. Thursday

13. Friday

14. Saturday

15. Sunday

# October 2023

16. Monday

17. Tuesday

18. Wednesday

19. Thursday

20. Friday

21. Saturday

22. Sunday

# October 2023

23. Monday

24. Tuesday

25. Wednesday

26. Thursday

27. Friday

28. Saturday

29. Sunday

# October 2023

30. Monday

31. Tuesday

# November 23

| M | T | W | T | F | S | S |
|---|---|---|---|---|---|---|
| 30 | 31 | 1 | 2 | 3 | 4 | 5 |
| 6 | 7 | 8 | 9 | 10 | 11 | 12 |
| 13 | 14 | 15 | 16 | 17 | 18 | 19 |
| 20 | 21 | 22 | 23 | 24 | 25 | 26 |
| 27 | 28 | 29 | 30 | 1 | 2 | 3 |
| 4 | 5 | 6 | 7 | 8 | 9 | 10 |

## NOTES

_____

_____

_____

_____

_____

# October 2023

30. Monday

_____

31. Tuesday

_____

01. Wednesday

_____

02. Thursday

_____

03. Friday

_____

04. Saturday

_____

05. Sunday

# November 2023

**Week no: 202**                    **Week of: 6 Nov - 13 Nov**

06. Monday

07. Tuesday

08. Wednesday

09. Thursday

10. Friday

11. Saturday

12. Sunday

# November 2023

13. Monday

14. Tuesday

15. Wednesday

16. Thursday

17. Friday

18. Saturday

19. Sunday

# November 2023

20. Monday

---

21. Tuesday

---

22. Wednesday

---

23. Thursday

---

24. Friday

---

25. Saturday

---

26. Sunday

---

# November 2023

27. Monday

28. Tuesday

29. Wednesday

30. Thursday

# December 23

| M | T | W | T | F | S | S |
|---|---|---|---|---|---|---|
| 27 | 28 | 29 | 30 | 1 | 2 | 3 |
| 4 | 5 | 6 | 7 | 8 | 9 | 10 |
| 11 | 12 | 13 | 14 | 15 | 16 | 17 |
| 18 | 19 | 20 | 21 | 22 | 23 | 24 |
| 25 | 26 | 27 | 28 | 29 | 30 | 31 |
| 1 | 2 | 3 | 4 | 5 | 6 | 7 |

## NOTES

# November 2023

27. Monday

28. Tuesday

29. Wednesday

30. Thursday

01. Friday

02. Saturday

03. Sunday

# December 2023

04. Monday

05. Tuesday

06. Wednesday

07. Thursday

08. Friday

09. Saturday

10. Sunday

# December 2023

11. Monday

---

12. Tuesday

---

13. Wednesday

---

14. Thursday

---

15. Friday

---

16. Saturday

---

17. Sunday

---

# December 2023

18. Monday

19. Tuesday

20. Wednesday

21. Thursday

22. Friday

23. Saturday

24. Sunday

# December 2023

25. Monday

26. Tuesday

27. Wednesday

28. Thursday

29. Friday

30. Saturday

31. Sunday

# THANK YOU

See our **"STUNNING PLANNERS"** author page
for more amazing planners.

If you Enjoy This planner,
we would appreciate your review and feedback

Thank you once again and achieve your goals

Made in the USA
Las Vegas, NV
16 November 2021

34582688R00087